AF331724

NOUVELLE MÉTHODE

POUR APPRENDRE A LIRE

EN PEU DE TEMPS,

Pourvu que l'on suive la prononciation
naturelle des lettres.

FÆÇOUN NEVES

EVIT DESQUI LENN E BER AMZER,

Gant ma vezo heuliet ar brononciation
naturel eus al lizerennou.

Par Y. POULLAOUEC, Instituteur à Saint-Renan.

Se trouve chez l'Auteur, à Saint-Renan (Finistère).

A BREST, de l'Imprimerie de J.-B. LEFOURNIER, Rue Royale, N.º 86.

1829.

† Én-n ha-no an-n Ta-d , ha-c a-r Ma-p
ha-c a-r S-pé-r-èt-San-tè-l.

O - rœ - zou - n do - mi - ni - ca - l.

1. Hon-n Ta-d pé-hi-ni zo èn-n é-ë , o-c'h ha-no
bé-zè-t san-ti-fi-é-t :

2. Ho rou-an-tè-lè-z deu-è-t dé-om-p :

3. Ho po-lon-tè-z bé-zè-t g-ré-a-t va-r an-n
dou-a-r é-vè-l èn-n é-ë.

4. Ro-ï-t dé-om-p hi-ri-o ho-r ba-ra pè-m-dé-zi-è-c:

5. Ha pa-r-dou-ni-t dé-om-p hon-n o-ffan-çou ,
é-vè-l ma pa-r-dou-nom-p d'a-r ré-pé-ré ho
deu-s hon-n o-ffan-cè-t :

6. Ha na bè-r-mè-tti-t qué-t é co-è-zzèm-p é tèn-
ta-ti-o-n :

7. Ho-guèn-n ho-nn di-li-v-ri-t a z-rou-c.
É-vé-l-sé bé-zè-t g-ré-at.

Sa - lu - ta - ti - on - n a - n É - a - l.

Mé ho sa-lu-d Ma-ri leu-n a c'h-ra-ç , an-n a-ou-
t-rou Dou-é zo ga-né-o-c'h , bé-ni-guè-t o-c'h
d-rè-i-s-t an-n o-ll g-ra-guè-z , ha bé-ni-guè-t -éo
a-r f-rou-è-z eu-s ho co-ff, Jé-su-s.

✝ En hano an Tad , hac ar Map hac ar Speret-Santel.

Orœsoun dominical.

1. Hon Tad pehini zo en eë , oc'h hano bezet santifiet :

2. Ho rouantélez deuet deomp :

3. Ho polontez bezet great var an douar evel en eë.

4. Roït deomp hirio hor bara pemdeziec :

5. Ha pardounit deomp hon offançou , evel ma pardounomp d'ar re pere ho deus hon offancet :

6. Ha na bermettit quet e coczzcmp e tentation :

7. Hoguèn hon dilivrit a zrouc.

Evelse bezet great.

Salutation an Éal.

Me ho salud Mari leun a c'hraç , an aoutrou Douë zo ganeoc'h , beniguet oc'h dreist an oll graguez , ha beniguet eo ar frouez eus ho coff, Jesus.

San-té-s Ma-ri, Ma-m da Zou-é, pé-di-t é-vi-dom-p-ni pé-c'heu-ri-èn-n b-rè-ma, ha-c en-n heu-r eu-s ho-r ma-ro. É-vé-lèn-n bé-zè-t g-ré-a-t.

Sym-bo-lè-n an-n E-bè-s-tè-l.

1. Mé a g-ré-d é Dou-é an-n Ta-d o-ll c'ha-llou-dè-c, C-rou-è-r an-n é-ë ha-c an-n dou-a-r.

2. Ha-c é Jé-su-s-C'h-ri-s-t é Va-p u-ni-c hon-n a-ou-t-rou.

3. Pé-hi-ni zo bé-t con-cé-vè-t eu-s a-r S-pé-rè-t-San-tè-l, ga-nè-t g-an-t a-r Vè-r-c'hè-s g-lo-ri-u-s Va-ri.

4. Én-n deu-s gou-zan-vè-t di-n da-n Pon-ç-Pi-la-t, a zo bé-t c-ru-ci-fi-é-t, ma-ro ha sé-bél-i-è-t.

5. A zo bé-t di-s-quèn-nè-t d'an-n i-vè-r-gnou, ha rè-ssu-s-ci-té-t, an-n t-ré-dé dé-i-z, a va-ro da vé-o.

6. A zo bé-t pi-gnè-t èn-n é-ë-ou, ha-c a-zé-zé-t èn-n tu dé-ou da Zou-é an-n ta-d o-ll c'ha-llou-dè-c.

7. A c'ha-no é teu-i da va-r-n a-r ré vé-o ha-c a-r ré va-ro.

8. Mé a g-ré-d è-r S-pé-rè-t - San-tè-l;

Santés Mari, Mam da Zouë, pédit evi-
domp-ni pec'heurienn brema , hac enn
heur eus hor maro. Evelenn bezet great.

Symbolen ann Ebestel.

1. Me a gred e Douë ann Tad oll c'hallou-
dec, Crouer ann ë hac ann douar.

2. Hac e Jésus - C'hrist e Vab unic honn
aoutrou.

3. Pehini zo bet concevet eus ar Speret-
Santèl , ganèt gant ar Verc'hès glo-
rius Vari.

4. Enn deus gouzanvet dindan Ponç-Pilat ,
a zo bet crucifiet , maro ha sebeliet.

5. A zo bet disquennet d'ann ivergnou , ha
ressuscitet , ann trede deiz , a varo
da veo.

6. A zo bet pignet ènn eëou , hac azezet
ènn tu deou da Zouë ann tad oll c'halloudec.

7. A c'hano e teui da varn ar re veo hac
ar re varo.

8. Me a gred èr Speret Santel ;

9. A-nn I-li-s san-tè-l ca-tho-li-c,
Com-mu-ni-o-n a-r zèn-t;
10. Ré-mi-ssi-o-n a-r pé-c'hé-jou;
11. Ré-su-rrè-c-ti-on-n a-r c'ho-r-vou;
12. A-r vu-é-z é-tè-r-nè-l.
É-vé-lèn-n bé-zèt g-ré-a-t.

Con-fe-ssi-on-n.

Mé a go-vès ou-d Dou-é oll-c'ha-llou-dé-c,
ou-d a-r Vè-r-c'hè-s g-lo-ri-u-s Va-ri,
ou-d San-t Mi-ké-a-l a-r-c'hæ-l,
ou-d San-t Y-an-n Va-dé-zou-r,
ou-d an-n É-bè-s-tè-l é-ü-ru-s San-t Pê-r
ha San-t Pa-o-l, ou-d an-n ò-ll Zén-t,
ha-c ou-zo-c'h va za-d, a-ba-la-mou-r
ma'ê-m beu-s pè-c'hè-t b-ra-s d-ré zon-c'h,
d-ré go-m-s, ha d-ré œu-v-r. D-ré va fa-o-t,
d-ré va fa-o-t, d-ré va b-ra-ssa fa-o-t.
Ra-ç-zé é pé-dan-n a-r Vè-r-c'hè-s g-lo-ri-u-s Va-ri,
San-t Mi-ké-a-l ar-c'hæ-l, San-t Y-an-n
Va-dé-zour, an-n É-bè-s-tè-l é-ü-ru-s
San-t Pê-r ha San-t Pa-o-l, an-n o-ll Zèn-t;
ha c'hu-i va za-d, da bé-di Dou-é è-vi-don-n.
É-vè-l-sé bé-zè-t g-ré-a-t.

9. An Ilis santel catholic,
Communion ar zent ;
10. Remission ar pec'hejou ;
11. Resurrection ar c'horvou ;
12. Ar vuëz eternel.

Evelen bezet great.

Confession.

Me a goves oud Douë oll-c'halloudec,
oud ar Verc'hes glorius Vari,
oud Sant Mikeal arc'hæl,
oud Sant Yan Vadezour,
oud an Ébestel eürus Sant Pêr
ha Sant Paol, oud ann oll Zent,
hac ouzoc'h va zad, abalamour
ma em beus pec'het bras dre zonc'h,
dre goms, dre œuvr. Dre va faot,
dre va faot, dre va brassa faot.
Rac-zé e pedan ar Verc'hes glorius Vari,
Sant Mikeal arc'hæl, Sant Yann
Vadezour, ann Ébestel eürus
Sant Pêr ha Sant Paol, an oll Zent,
ha c'hui va zad, da bedi Douë evidonn.

Evelse bezet great.

Gou-r-c'hé-men-n-o-u Dou-é.

1. Un-n Dou-é é-p-què-n a a-do-ri
Ha d-rè-i-s-t pè-p t-ra o-ll a gui-ri,

2. É vé-a-n é ha-no né dou-i què-t,
N'a-g i-vè né-t-ra a-ll é-bè-t.

3. A-r su-li-ou san-tè-l a vi-ri,
É sè-r-vi-ch Dou-é o-c'h é veu-li.

4. Da da-d da vam-m a é-no-ri,
É-vi-t pè-ll a-m-zè-r ma vé-vi.

5. Di-ou-a-ll né la-zi dè-n é-bét,
N'a-g a zé-si-r n'a-g a é-ffè-t.

6. Lu-b-ri-c né vé-zi qué-t i-ve-z,
N'a-g a go-r-f, n'a-g a vo-lon-tè-z.

7. La-è-rè-s na mi-rè-t ma-dou dé-n,
É s-cou-é-zi-è-guè-s né ri bi-què-n.

8. A é-nè-p dé-n fa-l-s tè-s-té-ni,
Na ga-ou é-bé-t né li-vi-ri.

9. Né c'ho-an-ta d-ré lu-zu-r pè-c'hi.
N'a-g é son-ch vi-l n'é-n-èm lè-zi.

10. Né sou-hè-t ma-dou da hè-n-tè-z.
É-vi-t ho c'ha-ou-t d-ré fa-l-zè-n-tè-z.

Gou-r-c'hé-men-nou an-n I-li-s.

1. A-r gou-ë-li-ou bè-r-s a zan-ti-fi-i
Neu-sé pé-p la-bou-r a lè-zi.

Gourc'hémennou Doué.

1. Unn Douë epquen a adori
   Ha dreist pep tra oll a guiri,
2. E vean e hano ne doui quet,
   N'ag ive netra all ebet.
3. Ar suliou santel a viri,
   E servich Doué oc'h é veuli.
4. Da dad da vamm a énori,
   Évit pell amzer ma vevi.
5. Diouall ne lazi dén ebet,
   N'ag a zesir n'ag a effe-t.
6. Lubric ne vezi quet ivez,
   N'ag a gorf, n'ag a volontez.
7. Laeres na miret madou den,
   E scoueziegues ne ri biquen.
8. A enep den fals testeni,
   Na gaou ebet ne liviri.
9. Ne c'hoanta dré luzur pec'hi.
   N'ag e sonch vil n'en-èm lèzi.
10. Ne souhet madou da hentez.
    Évit ho c'haout dre falzentez.

Gourc'hémennou ann Ilis.

1. Ar gouëliou bers a zantifii
   Neuse pep labour a lèzi.

2. C-lé-o dé-vo-t a bèn-n da bèn-n ,
Su-l ha gou-ë-l bè-r-s an-n o-fè-rèn-n.

3. Eu-r vé-a-ch è-r b-lo-a-s da vi-a-na ,
É co-vè-ssa-ï è-p na-c'h né-t-ra.

4. Ha da G-rou-ë-r a ré-cé-vi ,
Da Ba-s-q dé-vo-ta ma c'hè-lli.

5. Y-u-n a ri an-n da-ou-zè-c dé-zi-ou ,
A-r c'ho-ra-i-s a-c a-r vi-gi-llou.

6. Qui-c né-mè-t da zè-iz Né-dé-lè-c ,
Gu-ë-nè-r na Sa-do-r-n né zè-b-r qué-t.

Bé-né-di-c-ti-on-n ar Sa-c-ra-man-t.

A-do-rom-p o-ll è-r Sa-c-ra-man-t an-n A-o-tèr,
Un-n Dou-é cu-zè-t, un-n Dou-é a zo ho-r Sa-l-vè-r ;
S-pé-ré-jou eü-ru-s, c'hu-i P-rin-cè-t eu-s é læ-s,
Gan-t ca-ran-tè-z a-r-dan-t meu-li-t-èn da ja-mæ-s,
Meu-li-t-èn da ja-mæ-s.

Vè-r-b é-tè-r-nè-l é-vi-dom-p-ni in-ca-r-nè-t,
An-n é-ë, a-r mô-r, an-n dou-a-r o-c'h eu-s c-rou-ë-t,
Deu-t ya Sa-l-vè-r Jé-su-s, eu-s an-n A-o-tè-r ho t-rô-n,
Da ré-i b-ré-ma dé-om-p o-ll ho pé-né-di-c-ti-on-n,
Ho pé-né-di-c-ti-on-n.

Hé-no-r ha g-lo-a-r gan-t ca-ran-tè-z é-tè-r-nè-l,
Bé-zè-t d'an-n Ta-d, d'a-r Ma-b, d'a-r S-pé-rè-t-san-tè-l ;
Meu-leu-di-ou bé-zé-t d'an-n t-ri-fe-r-so-n èn-n un-n Dou-é,
A hè-d an-n o-ll a-m-zè-r ha-c èn-n é-tè-r-ni-té,
A-c èn-n é-tè-r-ni-té.

2. Cleo devot a benn da benn ,
   Sul a gouël bers ann oferenn.
3. Eur veach èr bloas da viana,
   É covessaï ep nac'h netra.
4. Ha da Grouër a recevi ,
   Da basp devota mac'helli.
5. Yun a ri ann daouzec deziou
   Ar c'horaïs ac ar vigillou.
6. Quic nemet da zèiz nèdelec ,
   Guëner na sadorn ne zèbr quet.

Benediction ar Sacramant.

Adoromp oll èr Sacramant ann Aoter ,
Unn Douë cuzet, unn Douë a zo hor Salver;
Sperejou eürus , c'hui Princet eus ê læs ,
Gant carantèż ardant meulit-ên da jamæs,
Meulit-ên d'a jamæs.

Verb eternel evidomp-ni incarnet,
Ann eë, ar mor, ann douar oc'h eus crouët,
Deut va Salver Jesus, eus ann aoter ho trôn,
Da reï brema deomp oll ho penedictionn,
Ho penedictionn.
Henor ha gloar , gant carantèz eternel ,
Bezet d'ann Tad, d'ar Mab, d'ar Speret-Santel;
Meuleudiou bezet d'ann tri-ferson ènn unn Douë ,
A hed ann oll amzer hac ènn eternite,
Hac ènn eternite.

1	b	ba-ra	bé-ra	bi-za	bo-da	bu-ga.
2	c	ca-na	cé-ci-li-a	ci-li-ç	co-lo	cu-za-t
3	d	da-ou	dé-ou	di-ou	do-ri-ou	du-a
4	f	fa-zi-a	fé-a-z	fi-è-z	fo-a-r	fû-r
5	g	ga-ro	gè-ni	gi-lè-s	go-ro	gu-ïn
6	h	ha-d	hé-d	hi-li	ho-ga-n	hu-è-l
7	j	ja-vè-d	jé-rô-m		jo-dou	ju-ri
8	k		ké-r	ki		
9	l	la-ou	leu-é	li-ou	lo-go-d	lu-du
10	m	ma-la	mè-lla	mi-di	mô-r	mû-r
11	n	na-o	né-o	ni-za-t	nô-z	mu-nu-t
12	p	pa-ca	pé-ga	pi-la-t	po-dou	pu-ill
13	qu		queu-z	qui-t		qu-ï-t
14	r	ra-za	rè-za	ri-z	rô-z	ru-z
15	s	sa-é	sé-a	si-ly	so-t	su-t
16	t	ta-o-l	té-o-l	ti-è-z	to-èn-n	tu-è-d
17	v	a-va-lou	a-ve-zi-ou	vi-ou	é vo-tèz	é vu-zu-r
18	x	xa-vi-e-r	xè-r-cè-s	è-x-i-l	è-xo-d	
19	z	za-ca-ri-a	zé-ro	zi-g-za-g	va zo-c	va zu-d
20	ch	cha-ss	ché-tu	chi-c	chou-c	chu-t!
21	c'h	ar c'haz	ar c'hé-zè-c	ar c'hi-c	ar c'ho-f	ar chu-i-l
22	ph. gn. ill.	phe-le-p,	ro di-gn	va di-lla-t.		

1	b	bara	béra	biza	boda	buga.
2	c	cana	cécilia	ciliç	colo	cuzat
3	d	daou	déou	diou	doriou	dua
4	f	fazia	féaz	fièz	foar	fûr
5	g	garo	gèni	gilès	goro	guïn
6	h	had	héd	hili	hogan	huèl
7	j	javèd	jérôm		jodou	juri
8	k		kér	ki		
9	l	laou	leué	liou	logod	ludu
10	m	mala	mèlla	m̃idi	mòr	mûr
11	n	nao	néo	nizat	nôz	munut
12	p	paca	péga	pilat	po-dou	puill
13	qu		queuz	quit		quït
14	r	raza	rèza	riz	rôz	ruz
15	s	saé	séa	sily	sot	sut
16	t	taol	téol	tièz	toènn	tuèd
17	v	avalou	aveziou	viou	é votèz	é vuzur
18	x	xavier	xèrcès	èxil	èxod	
19	z	zacaria	zéro	zigzag	va zoc	va zud

20	ch	chass	chétu	chic	chouc	chut !
21	c'h	ar c'haz	ar c'hézèc	ar c'hic	ar c'hof	ar c'huil
22	ph. gn. ill.	phelep,	ro dign	va dillat.		

1	bl	b-lè-i-z	b-lo-a-z	b-leûn
2	br	b-ra-n	b-rè-nn	b-rè-i-n
3	ch	cha-ss	chi-c	chou-c
4	c'h	c'ho-a-r	c'ho-a-ri	c'ho-a-s
5	cl	c-leu-z	c-lou-a-r	c-lou-è-r
6	cr	c-ra-n	c-ré-n	c-ri-n
7	dr	d-ré-an-n	d-ré-in-n	d-ré-i-z
8	fl	f-lam-m	f-lèm-m	f-lou-r
9	fr	f-ra-i-l	f-rè-i-l	f-rou-è-z
10	gl	g-la-ou	g-lo-an-n	g-lu-d
11	gr	g-ra-é	g-ré-a-t	g-ri-a-t
12	ph	pha-ra-on	phe-le-p	phi-li-p
13	pl	p-lan-ta	p-lan-t	p-lan-ch
14	pr	p-ra-d	p-ré-d	p-rû-n
15	sc	s-can-d	s-queu-d	s-qui-an-t
16	scl	s-c-lé-a-r	s-c-lé-ra	s-c-leu-c
17	scr	s-c-ri-va	s-c-ri-vè-t	s-c-ri-vi-t
18	sp	s-peu-rèn-n	s-pi-llèn-n	s-pi-llou
19	st	s-tam-m	s-tan-c	s-ta-r-d
20	str	s-t-ra-ca-l	s-t-rin-ca-l	s-t-ro-ba
21	tr	t-rè-i-d	t-ro-a-d	t-rou-z
22	gn	a-gnè-s	g-ri-gnou-s	be-r-gnou
23	ill	f-ra-illa	f-rè-illa	fou-illa,

1	bl	blèiz	bloaz	bleûn
2	br·	bran	brènn	brèin
3	ch	chass	chic	chouc
4	c'h	c'hoar	c'hoari	c'hoas
5	cl	cleuz	clouar	clouèr
6	cr	cran	crén	crin
7	dr	dréan	dréin	dréiz
8	fl	flamm	flèmm	flour
9	fr	frail	frèil	frouèz
10	gl	glaou	gloan	glud
11	gr	graé	gréat	griat
12	ph	pharaon	phelep	philip
13	pl	planta	plant	planch
14	pr	prad	préd	prûn
15	sc	scand	squeud	squiant
16	scl	scléar	scléra	sclèuc
17	scr	scriva	scrivèt	scrivit
18	sp	speurènn	spillènn	spillou
19	st	stamm	stanc	stard
20	str	stracal	strincal	stroba
21	tr	trèïd	troad	trouz
22	gn	agnès	grignous	bergnou
23	ill	frailla	frèillat	fouilla

Ar pemp lizeren var-nuguent.

a, b, c, d, e, f, g, h, i, j, k, l,
m, n, o, p, q, r, s, t u, v, x, y, z.

Lizerennou bras.

A, B, C, D, E, F, G, H, I, J, K,
L, M, N, O, P, Q, R, S, T, U, V,
X, Y, Z.

Vogalennou.

a, e, é, è, æ, œ, eu, ou, an, èn, on, eûn.

Consonennou doubl.

ch, c'h, ph, gn, ill, th.

1	unan,	un.
2	daou,	deux.
3	tri,	trois.
4	pèvar,	quatre.
5	pèmp,	cinq.
6	c'huéac'h,	six.
7	sèiz,	sept.
8	éiz,	huit.
9	nao,	neuf.
10	déc,	dix.
11	unnèc,	onze.
12	daouzèc,	douze.
13	trizèc,	treize.
14	pèvarzèc,	quatorze.
15	pèmzèc,	quinze.
16	c'huézèc,	seize.
17	sèitèc,	dix - sept.
18	trivac'h,	dix - huit.
19	naontèc,	dix - neuf.
20	uguènt,	vingt.

21	unan var - nuguènt,	vingt et un.
22	daou var - nuguènt,	vingt - deux.
23	tri var - nuguènt,	vingt - trois.
24	pèvar var - nuguènt,	vingt - quatre.
25	pèmp var - nuguènt,	vingt - cinq.
26	c'huéac' var - nuguènt,	vingt - six.
27	sèiz var - nuguènt,	vingt - sept.
28	èiz var - nuguènt,	vingt - huit.
29	nao var - nuguènt,	vingt - neuf.
30	trégont,	trente
40	daou - uguènt,	quarante.
50	anter - cant,	cinquante.
60	tri - uguènt,	soixante.
70	déc ha tri - uguènt,	soixante - dix.
80	pèvar - uguènt,	quatre - vingt.
90	déc ha pèvar - uguênt,	quatre - vingt - dix.
100	cant,	cent.
110	déc ha cant,	cent - dix.
120	c'huèac'h - uguènt,	cent - vingt.
130	déc ha c'huèac'h - uguènt,	cent - trente.

140	sèiz uguènt,	cent quarante.
150	déc ha seiz uguènt,	cent cinquante.
160	èiz uguènt,	cent soixante.
170	déc ac èiz uguènt,	cent soixante - dix.
180	nao uguènt,	cent quatre - vingt.
190	déc ha nao-uguènt,	cent quatre-vingt-dix.
200	daou c'hant,	deux cent.
300	tri c'hant,	trois cent.
400	Pèvar c'hant,	quatre cent.
500	pèmp cant,	cinq cent,
600	c'huèac'h cant,	six cent.
700	seiz cant,	sept cent.
800	èiz cant,	huit cent.
900	nao c'hant,	neuf cent.
1000	mil,	mille.
1100	unnèc cant,	onze cent.
1200	daouzèc cant,	douze cent.
2000	daou vil,	deux mille.
3000	tri mil,	trois mille.
10000	déc mil,	dix mille.

FIN.

www.ingramcontent.com/pod-product-compliance
Lightning Source LLC
LaVergne TN
LVHW021747030726
842523LV00003B/956